QU'EST-CE QUE LE REMBOURSEMENT

OU LA CONVERSION DES RENTES

5 0|0 consolidés?

UN MENSONGE OU UNE BANQUEROUTE.

IMPRIMERIE ET FONDERIE DE FÉLIX LOCQUIN ET Cᵉ.,
46, RUE NOTRE-DAME-DES-VICTOIRES.

QU'EST-CE QUE

LE REMBOURSEMENT

OU

la Conversion des Rentes

CINQ 0/0 CONSOLIDÉS?

UN MENSONGE OU UNE BANQUEROUTE.

PARIS.

DELAUNAY, LIBRAIRE,

AU PALAIS-ROYAL.

Décembre 1837.

QU'EST-CE QUE

LE REMBOURSEMENT

ou

la Conversion des Rentes

CINQ 0/0 CONSOLIDÉS ?

UN MENSONGE OU UNE BANQUEROUTE,

———————

Au mois d'avril 1824, toute la presse indépendante s'éleva, avec une généreuse indignation, contre la proposition du remboursement des *rentes perpétuelles*, *cinq pour cent consolidés*, proposition faite par M. de Villèle, soutenue par les gazettes royalistes à sa solde, et votée par les trois cents députés qui lui étaient dévoués quand même. Les argumens des journaux du parti libéral furent tellement pressans de logique, de raison et d'équité, que non seulement ils ameutèrent en quelque sorte l'opinion de la France contre les propositions de M. de Villèle, mais encore qu'ils la firent rejeter par la Chambre des pairs. La conviction fut telle, à cette époque, pour tout le monde, qu'elle atteignit jusqu'à Mgr. l'archevêque de Paris, M. de Quélen, qui fit un mandement tout exprès pour jeter son blâme archiépiscopal sur la spoliation dont les rentiers allaient être victimes.

Comment se fait-il aujourd'hui que cette même presse indépendante se trouve tout à coup convertie au remboursement, et qu'elle le réclame comme une impérieuse nécessité? Disait-elle toute sa pensée en 1824? la dit-elle maintenant? Cependant, en 1824 comme en 1837, la question était toute financière; elle concernait le bien-être ou le mal-être du pays et des rentiers; le remboursement était juste ou il était inique, il était fondé en droit ou il était arbitraire; comment se fait-il donc que l'arbitraire soit devenu le droit, et l'iniquité la justice? C'est un miracle qui ne peut s'expliquer que par les bigarrures de l'esprit humain.

Cependant la question se présente plus grave, plus sérieuse que jamais, car la chambre nouvelle en sera saisie pour prononcer sur les droits et sur la fortune des rentiers.

Peut-on les contraindre, sans violer les lois, à recevoir le remboursement de leur capital, ou les obliger, en cas de refus, à convertir leur rente de cinq en quatre pour cent, autrement dit, à perdre le cinquième de leur revenu?

Les partisans du remboursement répondent affirmativement à cette question. Ils prétendent que le droit commun permet à tout débiteur de s'acquitter envers son créancier, même quand le titre de celui-ci est constitué en rente perpétuelle. A l'appui de cette assertion, ils citent l'article 1911 du Code civil, ainsi conçu :

« La rente constituée en perpétuel est essentiellement rachetable. »

Il est certain que, d'après cette disposition prise isolément, dans son sens absolu, il est certain que le droit de rembourser les rentes perpétuelles cinq pour cent consolidés, serait incontestable. Mais l'article 1911 est suivi d'un article 1912, qui réserve au créancier un droit de coërcition égal à celui du débiteur; ainsi, cet article 1912 veut « que le débiteur d'une rente, constituée en per-
» pétuelle, puisse être contraint au rachat,

» 1° S'il cesse de remplir ses obligations pendant
» deux années ;

» 2° S'il manque à fournir au préteur la sûreté
» promise par le contrat. »

Cette disposition de l'article 1912 du Code civil
prouve évidemment que le droit commun n'est point
applicable à la grande question du remboursement
des rentes de l'état; car les plus dévoués partisans
de cette mesure ne peuvent disconvenir qu'il serait
bien difficile de contraindre l'état au rachat, si,
dans des temps malheureux, il se trouvait dans
l'impossibilité de payer les arrérages de sa dette
pendant deux années. Cependant, en admettant
cette circonstance de non-paiement, fort possible
d'ailleurs, d'après le droit commun, les créanciers
de l'état auraient la loi pour eux et pourraient exi-
ger le remboursement de leur capital; mais qui
l'exécuterait, et contre qui serait-elle exécutée?
Contre l'état sans doute; mais l'état est un être de
raison, qui reçoit de toutes mains et qui paie quand
il peut; contre les ministres ou leurs bureaux?
Mais les ministres et leurs bureaux, bien que com-
posés d'hommes réels, ne sont que les fondés de
pouvoirs de l'état, être de raison; ils ne peuvent
pas, ils ne doivent pas payer quand le trésor est
vide. On ne pourrait donc actionner personne,
puisque c'est le pays en entier, ou plutôt sa population, qui doivent. Il faut donc le répéter, le
droit commun n'a rien à déterminer, rien à ré-

gler dans l'opération gigantesque du remboursement des rentes cinq pour cent consolidés.

Les droits des créanciers de l'état résident dans
les lois spéciales qui ont fondé leurs titres, et principalement dans la bonne foi du gouvernement
chargé de leur exécution. Si donc ces lois spéciales n'ont pas stipulé la faculté du rachat des
rentes, autrement que par l'action de l'amortissement, il est impossible de l'exercer sans violer
scandaleusement la foi des contrats, sans que l'arbitraire le plus effronté vienne profaner, par son
capricieux despotisme, la sainteté des lois.

Trop souvent, hélas ! ces lois ont été violées,
trop souvent les malheureux créanciers de l'état
ont été ruinés de fond en comble, au nom du salut
public, de la raison d'état, et des principes d'é-
conomie politique transcendante. Espérons qu'aujourd'hui, au milieu d'une prospérité merveil-
leuse, d'un crédit sans limites, d'une paix assurée,
on ne viendra pas créer la misère, le désordre et
la perturbation, par le remboursement ou la conversion des rentes ; espérons que la légalité, au
nom de laquelle la noble et grande révolution de
juillet s'est effectuée, ne sera point foulée aux
pieds.

Les lois principales qui ont fondé et qui régissent encore les dettes de l'état sont les lois du 24 août 1793, du 9 vendémiaire et du 8 nivôse an 6, et du 21 floréal an 10.

La loi du 24 août 1793, a fondé le grand livre de la dette publique. Aucune de ses dispositions n'a prévu le cas possible d'un remboursement; mais par son article 111, elle stipule un impôt sur les rentes, égal à l'impôt foncier, voté chaque année par le pouvoir législatif. Voici cet article:

« Toute la dette publique inscrite sur le grand » livre sera assujétie au principal de la contribu- » tion foncière, qui sera réglée chaque année par » le corps législatif.

» Art. 112. Le paiement de cette contribution » sera fait par retenue sur les feuilles du paie- » ment annuel de la dette publique. »

Assurément si cette loi de 1793 eût été con- servée dans son intégrité, on parlerait peu du remboursement, et les créanciers de l'état seraient beaucoup plus riches; mais elle a été fort triste- ment suivie de la loi du 9 vendémiaire an 6, qui, d'un seul coup, a réduit la dette de deux tiers, en faisant une effroyable banqueroute aux créanciers de l'état. La seule consolation qui leur fut laissée, à ces créanciers misérables, se trouve dans la der- nière disposition de l'article 98 de cette déplorable loi; le voici :

« Chaque inscription du grand livre de la dette
» publique, tant perpétuelle que viagère, liquidée
» ou à liquider, sera remboursée, pour *les deux*
» *tiers*, de la manière établie ci-après; l'autre tiers
» sera conservé en inscriptions au grand livre, et
» payé sur ce pied, à partir du deuxième semestre
» de l'an 5;

» Le tiers de la dette publique conservé en in-
» scriptions est déclaré *exempt de toute retenue,*
» *présente et future.* »

Chacun sait que les deux tiers ne furent pas
payés, puisque les valeurs données en échange
étaient nulles; il ne resta donc que le tiers conso-
solidé, exempt *de toute retenue présente et future.*

Voilà la disposition légale qui reste actuellement applicable à la totalité de la dette 5 pour 0/0
consolidés.

La loi du 8 nivôse an 6, voulant en quelque sorte donner une fiche de consolation aux
malheureux porteurs du tiers consolidé, déclara,
par son article 4, que, « il ne serait plus reçu à
» l'avenir d'opposition sur le tiers conservé de la
» dette publique inscrite ou a inscrire. »

Enfin la loi du 21 floréal an 10, donne à la dette
publique le nom de 5 p. cent consolidés, et déclare
que cette dette ne pourra jamais excéder 50 millions
de rentes.

Ces quatre lois forment la base, la charte, si l'on veut, de la dette publique ; toutes les lois subséquentes, en ce qui concerne le cinq pour cent, ont toujours consacré les principes posés dans le dernier paragraphe de l'art. 98 de la loi du 6 vendémiaire an 6, et ceux de l'art. 4 de la loi du 8 nivôse suivant, c'est-à-dire que les rentes cinq pour cent sont *exemptes de toute retenue*, *présente et future*, et qu'aucune opposition ne peut empêcher leur paiement au titulaire.

Légalement, il est donc impossible de proposer sérieusement le remboursement des rentes, puisqu'aucune des lois qui régissent la matière, n'en a stipulé le droit ; légalement, il est donc impossible de convertir ces mêmes rentes, puisque la conversion ne serait autre chose qu'une *retenue*, interdite formellement pour le présent et pour l'avenir.

L'expérience des hommes et des choses a malheureusement prouvé, dans presque tous les temps et dans tous les pays, qu'il ne fallait pas se fier aux promesses les plus solennelles, aux contrats, aux traités, aux lois, nécessités par les pressans besoins du moment ; promesses, contrats, traités et lois, presque toujours oubliés quand les circonstances qui les avaient rendues indispensables sont passées. Alors on voit la

fertilité de l'esprit humain, les prodigieuses
ressources de son intelligence, enfanter une logique toute spéciale, à cette fin de démontrer que
la foi que chacun avait eue dans la solidité, dans
la force des liens, des engagemens jurés et législa-
tivement constatés, que cette foi n'est qu'une bil-
levésée, qu'une niaiserie qui doit s'écrouler sous
le poids de la raison d'état ; grand mot sonore,
fièrement prononcé par les hommes qui se prétendent grands politiques, parce que sous ce nom
de *raison d'état*, ils déguisent un intérêt person-
nel qu'ils semblent appliquer à la chose publique,
au bien-être, au soulagement de toute la population quand le profit, qu'ils distribuent si géné-
reusement au pays, doit, en définitive, entrer
dans leurs poches.

Ainsi, la raison d'état, qui sollicite le remboursement ou la conversion de la rente, s'occupe peu
de savoir si les lois permettent l'une ou l'autre de
ces opérations ; ce qui semble déterminer son action, c'est *la position déplorable de ces pauvres
contribuables*, *l'énormité du budget*, *la cherté ou
le haut prix de l'intérêt des capitaux* qu'il faut que
la malheureuse industrie se procure à bon marché,
si l'on veut qu'elle ne succombe pas sous le poids
des charges qui l'accablent.

Il faut reprendre les trois raisons déterminantes et y répondre :

1° *La position déplorable des contribuables* :

Mais les rentiers de l'état ne sont point hors la contribution commune ; ils sont tout aussi bien contribuables que l'universalité des citoyens. S'il y a malheur, s'il y a misère pour les uns, il y a malheur et misère pour les autres.

En supposant qu'ils soient hors la contribution foncière, parce qu'ils n'auront pas un pouce de bien au soleil, ne supportent-ils pas leur part du poids énorme de la contribution indirecte ? Ne sont-ils pas consommateurs de sucre, de café, de vin , de bière, de cidre, de poirée ? La pipe, le cigarre, la tabatière, leur sont-ils interdits ? Ne voyagent-ils pas dans les voitures publiques, et ne jouent-ils pas aux cartes ? La poste leur donne-t-elle leurs lettres *gratis*, et tirent-ils un coup de fusil sans acquitter les droits dus à la poudre royale ? L'enregistrement, s'il leur advient quelques successions ou s'ils se trouvent dans la nécessité de lui présenter des actes à régulariser, l'enregistrement leur fait-il remise de ses droits ? Non, cent fois non ; ils partagent donc les charges communes. Mais ce que le très grand nombre, l'immense majorité des contribuables ne partagent pas avec les rentiers, c'est l'éventualité de leur fortune.

En effet, quoi de plus incertain, quoi de plus compromis, quoi de moins défendu légalement que le capital prêté à l'état ? Soumis aux influences politiques de toutes les natures, ce capital est tantôt réduit par la mauvaise foi et le désordre des rois de notre vieille monarchie; tantôt il est réduit par la pénurie et les besoins d'une république administrée par cinq directeurs, qui voulurent étaler le luxe et la licence des beaux temps de la régence ; tantôt enfin il est réduit, augmenté et toujours bouleversé par les intrigues et les turpitudes de l'agiotage, exploité, trop souvent, par certains hommes d'état, et certains hommes de finances aux aguets des évènemens, qui peuvent influencer le crédit public, évènemens qu'ils connaissent les premiers, et que les rentiers n'apprennent que lorsqu'ils en sont dupes.

Les propriétaires de biens fonciers, les capitalistes, porteurs d'obligations notariées, de titres authentiques, sous-seings privés ou commerciaux, ont-ils les mêmes anxiétés que le rentier sur le maintien et la solidité de leur fortune? Ils ont, eux, toute la force des lois, toute la puissance des tribunaux civils et criminels pour la défendre cette fortune contre les attaques qui lui seraient faites. Aussi quelle différence entre la richesse des propriétaires de terres et celle des propriétaires de rentes! Que l'on veuille bien considérer les révolutions qui se sont opérées depuis seulement soixante-cinq années dans la fortune des uns et des autres.

Pour se rendre compte de cette position si différente, on supposera un acte de partage fait en 1772 par un père de famille à ses deux fils qu'il veut rendre également riches; ce partage attribuera à l'un trente mille livres de rentes sur l'état; et à l'autre trente mille livres de rentes en propriétés foncières. Voici maintenant le résultat qui aurait amené aujourd'hui ce partage, en admettant une régularité ordinaire dans la conduite et l'administration des deux héritiers.

Le rentier de l'état aurait eu tout d'abord à supporter les banqueroutes de l'abbé Terray, contrôleur général des finances de Louis XV et de Madame Dubarry, banqueroutes estimées, d'après la manière dont il opérait ses liquidations, à cinquante pour cent de perte; il serait donc déjà réduit à quinze mille francs de rentes. Ce rentier, toujours sage, toujours économe, aurait gardé religieusement ses rentes, comme choses sacrées, et s'en serait trouvé porteur naturellement au mois de vendémiaire an 6 de la république, alors il auraiteu à supporter, bon gré, mal gré, une seconde banqueroute, beaucoup plus importante que la première, une banqueroute des deux tiers de son inscription, ce qui aurait réduit sa rente à la simple somme de cinq mille francs, mais cinq mille francs parfaitement consolidés, non sujets à *réténue présente et future*, au dire de la loi. Cependant ce même rentier, qui pourrait vivre encore, se trouve actuellement dans une nouvelle perplexité, car il est menacé de voir ses malheureux cinq mille francs convertis en quatre pour cent, ou en une rente de quatre mille francs s'il ne veut pas prendre les cent mille francs qui lui seront offerts pour le montant de son capital. Or, comme le rentier est sage, et qu'il sait que l'on vit de son revenu et non pas de son fonds, il devra préférer la conversion, et supporter une nouvelle réduction sur son revenu; que ferait-il d'ailleurs de ce capital, où le placerait-il avec sûreté? Environné de chances funestes, trop faible pour être placé en fonds de terre, il faudrait bien le laisser au grand livre, et se contenter des quatre mille francs de rentes, derniers restes des trente mille livres que lui avait laissées la succession paternelle en 1772.

Ah! que le célèbre Adam Smith avait bien observé la manière dont s'acquittaient les dettes publiques, en disant qu'elles ne s'éteignaient que PAR DES BANQUEROUTES ! ! !

Le second fils, doté de 30,000 fr. de rentes, en fonds de terre, aurait eu un sort tout différent; en ne lui acordant que l'intelligence nécessaire pour défendre ses intérêts , au moment du renouvellement de ses baux, de la vente de ses foins , ou de la coupe de ses bois ; en laissant à ces terres la même mesure que celle qu'elles avaient au jour de la succession, c'est-à-dire en 1772, ces 30,000 fr. de rentes d'alors en valent 60,000 aujourd'hui , au capital de deux millions.

Ainsi, dans une période de 65 années, deux fils, ayant eu un partage égal dans la succession de leur père, mais l'un ayant l'état pour garantie de sa fortune, et l'autre la terre, on aura vu ce dernier augmenter sa fortune d'une manière prodigieuse, tandis que son frère sera ruiné, sans avoir jamais fait un acte qui pût compromettre son patrimoine. La proportion sera de 100,000 à deux millions , DE UN A VINGT : cette proportion est épouvantable et digne de fixer sérieusement l'attention des véritables hommes d'état, au moment de se prononcer sur la question du remboursement ou de la conversion des rentes.

La position déplorable des contribuables serait-
elle d'ailleurs améliorée par l'exécution du remboursement ou de la conversion des rentes ? Fort
évidemment, non ; car il faudrait une exubé-
rance d'optimisme, et bien peu l'intelligence de la
manière dont les choses se gouvernent, pour imaginer que les 12 ou 15 millions d'économies,
qu'apporterait la réduction de la rente à l'un des
articles des dépenses du budget normal de l'état,
ne seraient pas tout aussitôt absorbés par des dépenses supplémentaires, que les chambres adoptent
assez volontiers, quand elles leur sont présentées
appuyées de quelques raisons à peu près spécieuses;
et chacun sait que ces raisons ne manquent jamais
aux ministres. L'économie ne serait donc que dans
les mots et ne serait pas dans les choses ; les impôts des malheureux contribuables ne seraient pas
diminués d'un centime; seulement, au lieu de payer
12 ou 15 millions aux porteurs de rentes, dont ils
font partie, ils paieraient, à d'autres, des sup-
plémens de fonds secrets, des surcroîts de dépenses de guerre, de marine, d'intérieur, de justice ou
d'affaires étrangères.

Mais en admettant que l'économie de 15 millions fût réalisée, opérerait-elle le soulagement des
malheureux contribuables, qui émeuvent si pro-
fondément la pitié des partisans du remboursement?

Hélas! non, il faut le dire encore ; 35 millions d'homme seraient peu soulagés d'une telle économie dans leurs dépenses, qui passent un milliard ; et, fort assurément, les 254 mille titulaires des rentes 5 p. cent seraient abominablement frustrés, si on leur retranchait ces 15 millions de leurs revenus.

2° *L'énormité du budget.*

Il faut le répéter : Qu'est-ce qu'une économie de 15 millions pour une dépense d'un milliard 50 millions? C'est une réduction de 1 1|2 pour 100 sur le montant de la contribution de chacun ; de 7 fr. 50 c. pour les éligibles qui paient 500 fr. d'impôts, et de 3 fr. pour les électeurs qui en paient 200, ce qui ne formerait pas pour les 180,000 citoyens qui exercent le privilége de l'élection, une diminution de 600,000 fr. dans leurs impôts, somme que très évidemment ils perdraient, et au delà, par la conversion des rentes. Car on ne peut douter que le corps électoral de France ne possède au delà de 3 millions de rentes en 5 pour 100 consolidés, puisque cette somme de 3 millions ne formerait, en moyenne, qu'une rente de 16 fr. 70 c. pour chacun des électeurs ou éligibles, et qu'on les sait trop amis du pays, qui les aristocratise, pour n'être pas venus à son aide dans un temps où les besoins du trésor public ap-

pelaient les écus des bons Français à venir parti-
ciper aux profits des emprunts que voulaient mo-
nopoliser les banquiers étrangers. Or, la réduction
du cinquième, opérée sur leurs 3 millions de rentes,
s'élèverait à 600,000 fr., somme égale à la dimi-
nution de leurs impôts. Mais comme assurément
ils possèdent au delà de cette somme de rente, il
y aurait perte pour eux si la conversion pouvait
être exécutée.

Ce qui précède n'est qu'une hypothèse : il faut
bien le répéter encore, la conversion ne diminue-
rait pas l'énormité des charges du budget, qui
trouverait bien, comme il a été dit plus haut,
dans sa vaste puissance d'absorption de capitaux,
les moyens de faire disparaître et au delà les illé-
gales et imprudentes économies qu'on voudrait
tenter en l'opérant.

3° *La cherté ou le haut prix de l'intérêt des capitaux qui arrêtent l'essor de l'industrie.*

Ce motif pouvait avoir quelque poids en 1824,
quand il était soutenu par la presse de M. de Villèle ; alors l'expérience n'était point acquise. Mais
aujourd'hui qu'on a vu les crises financières et
commerciales amenées d'abord par la crainte du
remboursement, puis par le commencement d'exé-

cution de la conversion du 5 en 3 pour 100, en 1825 ; aujourd'hui que l'on sait quelles ont été les ruines, la gêne, la pénurie et le désespoir de l'industrie, du commerce et des spéculateurs sur les terrains, spéculateurs créés par la nécessité de placer leurs capitaux provenant de la vente de leurs rentes ; aujourd'hui que l'on a vu ces misères, depuis 1826 jusqu'à 1833, par suite des fatales opérations de M. de Villèle, il est vraiment étrange que l'on ose parler de nouveau du remboursement ou de la conversion des rentes, et que l'on propose ces moyens comme ressource efficace au crédit de l'agriculture, du commerce, de l'industrie et de la spéculation.

Il faudrait avoir la hardiesse de dire, en face de l'expérience acquise, pour mettre un peu de logique dans une telle proposition, de dire : Que le gâchis des capitaux, que le pêle-mêle des remboursés et des convertis, des honnêtes gens et des intrigans, également embarrassés de leur argent ou de leurs inscriptions, que ce *tohu bohu* de la fortune publique, que ces effroyables perturbations, en un mot, sont les conditions sérieuses du bien-être de l'agriculture et de l'industrie, et le plus sûr moyen de leur procurer des capitaux à vil prix.

Ce paradoxe outrecuidant est cependant soutenu par les partisans de la conversion, mais dégagé de la réalité des désastres qu'il occasionnerait, s'il pouvait passer de son état de paradoxe à l'état de raisonnement sensé, et de l'état de raisonnement sensé à l'état d'exécution; il est présenté tout enveloppé des fleurs et des fruits de l'abondance, tout environné d'une prospérité qu'envieraient les fortunés habitans d'*Eldorado*. Et c'est avec ce magnifique entourage de prestiges, tout rayonnans d'or et de béatitude, que l'on masque, aux yeux de la multitude béante, la triste vérité, les calamités sans nombre qu'entraînerait le remboursement ou la conversion de la rente.

Il faut savoir maintenant si véritablement *l'agriculture*, *le commerce*, *l'industrie et la spéculation* manquent de capitaux, et si l'état actuel des affaires les prive de s'en procurer à bon marché; car s'il en était autrement, le remboursement ou la conversion seraient au moins inutiles sous le rapport du profit qu'en pourraient tirer les particuliers, les industriels, les commerçans et les spéculateurs.

L'agriculture ne manque pas de capitaux, ou, si elle en manque, c'est que la garantie qu'elle a à offrir au prêteur est véreuse. Pour vérifier ce fait, il ne faut que jeter un coup d'œil sur les journaux de tous les départemens, qui contiennent chaque jour de nombreuses offres de prêts d'argent, déposé chez des notaires, à un taux au-dessous de l'intérêt légal. Il est vrai que des garanties sont demandées ; mais assurément la conversion ou le remboursement de la rente, en admettant qu'ils fissent refluer tous les capitaux dans les provinces, ne pourraient pas empêcher la prudence des prêteurs, et annuler leur exigence de solvabilité et de garanties notoires, avant de traiter avec les emprunteurs.

L'industrie serait bien ingrate si elle se plaignait de manquer d'argent ; on serait presque tenté de dire qu'elle en a trop, lorsque l'on voit chaque jour la création de vingt compagnies, plus industrieuses les unes que les autres, se constituer avec des actions en commandite, trouvant à la bourse de Paris, et dans toutes les bourses du royaume, des capitaux qui semblent affamés de ces sortes de valeur, tant leur hausse s'est exagérée, pour ne pas dire scandaleuse. En effet, quelle est la malheureuse compagnie, divisée en actions, qui n'a pas vu ses actions cotées au-dessus du pair à la bourse, avant même que la constitution régulière de l'association fût arrêtée ? Quelle est la compagnie qui a vu le malheur de ne pas voir doubler le prix de ses actions avant que ses fondateurs et ses bailleurs

de fonds pussent savoir véritablement si l'industrie qu'ils voulaient exploiter donnerait un profit
quelconque, si même ses travaux, bien ordonnés,
produiraient l'intérêt légal des capitaux employés?
Il n'en est pas une qui puisse adresser cereproche
aux capitalistes ou aux spéculateurs.

Que ferait donc le remboursement et la conversion au bien-être de l'industrie, déjà trop riche,
par l'activité des capitaux qui environnent l'agiotage? La conversion et le remboursement fe-
raient plus que décupler cet épouvantable agiotage; ils provoqueraient un bouleversement total
dans les fortunes publiques et particulières, et
produiraient des désastres qui surpasseraient les
catastrophes du système de Law. Ce ne serait
pas sur les actions du Mississipi que spéculeraient
les agioteurs, mais sur les actions de tous les
fleuves, de toutes les rivières, de tous les canaux,
de tous les chemins de fer, de toutes les mines
de houille, de fer, d'or, d'argent et de plomb;
sur toutes les actions enfin que la cupidité
et l'extravagance humaines pourraient imaginer
pour satisfaire leurs vices ou leurs folles passions.
Tels sont les services que le remboursement et la
conversion rendraient à l'industrie.

Le commerce trouve partout les capitaux dont

il a besoin ; la banque de France, et toutes les
banques identiques fondées dans les départemens,
ne lui en refusent jamais lorsqu'il lui présente des
valeurs escomptables, des valeurs sincères, vraiment émises pour des opérations commerciales,
pour des transactions réelles dont la base est for-
mée par la livraison de marchandises ; la banque
de France et les banques usent même assez souvent d'une tolérance en dehors de leurs statuts, en
admettant des papiers qu'elles savent bien être des
papiers de circulation : mais ces actes, elles les
font dans le but d'aider des négocians honnêtes et
probes qui sont momentanément gênés dans leurs
affaires, soit par des pertes essuyées, soit par un
retard dans des rentrées attendues. Le commerce
trouve donc les capitaux dont il a besoin, quand il
opère avec raison, sagesse et loyauté ; il en trouve
chez les capitalistes, il en trouve dans les banques
d'escompte, il en trouve au plus bas intérêt quand
les valeurs qu'il veut transmettre offrent de conve-
nables garanties. Le remboursement et la conversion ne pourraient donc pas encore changer ni
améliorer cette position forcée du crédit commer-
cial, quelle que fût l'abondance des capitaux qu'ils
répandraient sur toutes les places du royaume.

Il est évident que, si l'industrie se procure des
capitaux avec une abondance qui tient du miracle,
puisqu'en imprimant, pour ainsi dire, son pied sur

la feuille de papier qu'elle appelle action, elle bat monnaie, il est évident que les *spéculateurs* ne peuvent pas se trouver dans la gêne, eux qui sont les assesseurs forcés de toutes les créations industrielles. Les spéculateurs n'ont donc pas besoin non plus du remboursement et de la conversion pour se procurer de l'argent à bon marché.

Il importe de considérer actuellement quelle serait la moralité de la loi qui ordonnerait le remboursement ou la conversion des cinq pour cent consolidés.

Ces rentes se composent :

1° de 40,000,000 complètement IMMOBILISÉS ;

2° de 20,000,000 appartenant *à des mineurs et à des dots*;

3° de 8,000,000 en inscriptions départementales ;

4° de 20,000,000 aux noms d'étrangers ;

5° de 51,000,000 aux noms DE PROPRIÉTAIRES DIVERS, habitant *Paris et sa circonscription.*

6° de 1,000,000 aux noms des *banquiers* et des *agens de change* de la place de Paris.

Total.. 140,000,000 fr.

Sur cette quantité de 140 millions de rentes cinq pour cent, on remarquera d'abord qu'il s'en trouve deux septièmes, ou 40 millions de complètement IMMOBILISÉES. Ces rentes appartiennent en partie aux hospices et à d'autres corporations , en partie aux majorats de l'empire et de la restauration.

Or, ce serait déjà une singulière moralité à placer dans la loi, que d'y introduire un privilége, surtout dans un pays qui combat depuis bientôt cinquante ans pour obtenir que la LOI SOIT ÉGALE POUR TOUS , dans sa confection comme dans son application ; dans un pays qui est en possession d'une charte, revue et corrigée seulement depuis sept ans, laquelle proclame et sanctifie en quelque sorte ce grand et généreux principe de l'égalité devant la loi.

La morale publique pourrait admettre sans doute , si le remboursement était possible, elle pourrait admettre un privilége légal en faveur des établissemens philanthropiques , le bien à faire aux malheureux devant se réaliser avant tout mais ce qu'elle ne pourrait tolérer , ce serait le privilége à accorder aux princes, aux ducs , aux marquis, aux comtes , aux vicomtes, aux barons, aux chevaliers et même aux simples écuyers pourvus de majorats. Et cependant, ces personnages , décorés de titres superbes , possesseurs d'une fortune en dehors de la circulation commune, ne jouissent de tous ces avantages spéciaux que par la puissance d'une loi; ils sont, à cet égard, placés dans la même condition que le plus mince des rentiers, qui n'a, comme eux, que la loi pour défendre sa propriété. Pourquoi, alors, déclarer à l'avance les rentes constituées en majorats, pourquoi les déclarer IMMOBILISÉES, non remboursables, non convertissables? pourquoi proclamer un privilége si haut, quand ce privilége dépend tout aussi bien du brisement d'une loi que l'inscription du rentier?

La loi qui pourrait sanctionner de semblables dispositions serait aussi impolitique qu'elle serait immorale; elle remettrait aux prises la démocratie, si vivace en France, avec les débris de la vieille et de la nouvelle aristocratie; elle accorderait dans une loi fiscale, celle de toutes les lois qui doit le plus consacrer l'égalité : car avec elle il s'agit des charges communes à supporter, elle accorderait le privilége de la richesse au profit des hommes que leurs titres et les faveurs qui les suivent, rendent déjà opulens.

La loi du remboursement ou de la conversion

ne pourrait donc pas se faire avec la restriction privilégiée des 40 millions de rentes immobilisées.

On remarquera ensuite qu'un autre septième des 140 millions de rentes, que 20 millions appartiennent à des mineurs et assurent les dots d'une multitude de femmes. Or s'il y a des fortunes spécialement protégées par nos lois civiles, [ce sont celles des mineurs et des femmes mariées ; il n'est pas de précautions qui ne soient prises pour empêcher la dilapidation non seulement du capital de leurs biens, mais encore de leurs revenus. La dot des femmes est chose sacrée, elle a été souvent la principale condition du lien, condition sans laquelle le mariage ne se serait pas fait ; eh bien ! avec la loi de remboursement ou la conversion, il faudrait que le gouvernement, qui a la haute tutelle des mineurs, comme chargé de l'exécution des lois qui régissent leurs biens ; que la justice qui doit protéger toujours la fortune dotale des femmes, trop souvent altérée par la négligence ou la mauvaise gestion de leurs maris ; il faudrait que ces grands pouvoirs, à l'abri desquels la propriété des faibles et des forts se trouve garantie, devinssent eux-mêmes les spoliateurs des patrimoines les plus dignes tout à la fois de leur protection et de leur respect.

On ne pourrait donc pas rembourser ni convertir les rentes des mineurs et des femmes mariées, sans ajouter une nouvelle immoralité à l'immoralité du privilége des majorats.

On voit, par ce qui précède, qu'il ne resterait plus que 80 millions de rente sur les 140 à rembourser et à convertir, en adoptant même le système des partisans de cette opération. Cependant, parmi ces 80 millions, il s'en trouve 51 millions, c'est-à-dire, plus des cinq huitièmes qui appartiennent aux habitans de la ville de Paris et de sa banlieue : ces rentes sont les résultats du travail et de l'économie d'une population industrieuse à qui la propriété foncière n'est pas permise, car quel que soit le labeur de toute sa vie, il ne peut produire et accumuler les capitaux nécessaires à l'acquisition de propriétés territoriales d'un revenu suffisant à sa dépense quotidienne. Cette population, si dévouée au pays, qu'elle aide de sa force et de son intelligence ; cette population, qu'on a vue au jour du danger se précipiter partout où l'ordre menaçait d'être renversé, c'est elle qu'on veut rendre principalement victime de la conversion, en lui retranchant le cinquième de son revenu, en lui enlevant d'un seul coup dix millions deux cent mille francs de rentes, cinquième des 51 millions qu'elle possède aujourd'hui. Les partisans de la conversion se sont-ils bien rendu compte des conséquences que pourrait amener le déficit de dix millions deux cent mille francs dans les revenus des habitans de Paris, de ses habitans les moins fortunés ? se sont-ils rendu compte des misères, des douleurs, des perturbations que ce déficit occasionnerait...? On doit croire que non.

On le voit donc, cette loi de remboursement ou de conversion n'est pas faisable ; en y mettant même de la bonne volonté, elle serait abominablement arbitraire bien qu'elle fût décorée du beau et respectable titre de loi ; elle aurait deux poids et deux mesures, bien qu'elle fût loi fiscale, car elle favoriserait les uns et dépouillerait les autres ; elle serait inconstitutionnelle, puisqu'elle créerait le privilége dans un pays d'égalité. Non, une telle loi ne pourrait être sérieusement présentée aux chambres.

Il faut le répéter encore, aucune des lois constitutives de la dette publique, cinq pour cent, n'a prévu le cas ou la possibilité d'un remboursement; ces lois ne se sont occupées, au contraire, qu'à donner des garanties aux créanciers de l'état ; c'est ce qu'on trouve dans les lois du 22 août 1793, du 9 vendémiaire et 8 nivôse an 6, dans la loi du 24 floréal an 10 qui dispose « que les cinq pour cent » consolidés ne pourront, dans aucun temps, ex-

» céder 50 millions », disposition évidemment offerte comme un gage de sécurité aux possesseurs des rentes de cette époque, et singulièrement exécutée par les gouvernemens qui se sont succédé depuis l'an 10 de la république. Aucune de ces lois ne parle du remboursement.

Mais c'est qu'en effet le remboursement est impossible, c'est que le remboursement est un mensonge, un gros mensonge, que les partisans de la conversion répète, avec la conviction que c'est un mensonge, un mensonge insolent qu'ils proclament; car ils savent, et de reste, que pour que le remboursement fût possible, fût sincère, que pour qu'il fût un véritable remboursement, un véritable paiement du capital de la dette cinq pour cent, il faudrait que le gouvernement possédât dans ses coffres une somme de trois milliards, ni plus ni moins, c'est-à-dire, une quantité de numéraire presque double de celle que possède la France. Or un tel phénomène ne s'est pas plus présenté à l'imagination des législateurs de 1793, de l'an 6 et de l'an 10, qu'à celle des partisans actuels du remboursement; c'est pourquoi ils n'ont pas dû en parler.

Ce que soutiennent les partisans du remboursement, c'est qu'il est exécutable, non par un paiement réel effectué par l'abondance du trésor public, mais par un changement de créanciers de l'état ; c'est-à-dire que l'état, foulant aux pieds les lois sur la foi desquelles repose la dette, dirait à ses anciens créanciers, qui sont venus à son secours dans les temps de terreur et de misère : « J'ai assez » de vos services; aujourd'hui que je suis tran- » quille, je trouve de braves gens qui m'offrent » de l'argent à meilleur prix que le vôtre ; or, » comme je dois gouverner en bon père de famille, » il faut que j'accepte la généreuse proposition » qui m'est faite. Toutefois, si vous consentez à » me laisser vos fonds à quatre pour cent au lieu » de cinq que je vous donne, vous ne serez point » exclus du nombre de mes créanciers, car je con- » sentirai à garder votre argent à ce prix. »

Si encore une telle proposition était réelle, si véritablement de nouveaux créanciers venaient prendre la place des anciens à un intérêt moin- dre, on concevrait l'opération, nonobstant les actes d'illégalité, d'ingratitude, et d'immoralité qu'elle contiendrait; mais c'est que pas un mot de cela n'existe; il n'y a pas un seul homme qui ait la pensée de devenir nouveau créancier de l'état, aux conditions que présenterait la conversion, si elle était forcée. Ce qu'on trouverait, pour exécu- ter l'opération, et ce qu'on trouvera toujours prêt

à agir quand il y aura un bouleversement de millions, à travers lesquels on pourra manœuvrer de
toutes mains, ce sont des financiers et des banquiers de toutes les nations du monde, hors ceux
de la France, trop pauvres ou trop prudens
pour risquer de grandes opérations; ce sont ces
banquiers et ces financiers, escortés de l'agiotage
et de l'intrigue, qui consentiraient très-volontiers
à devenir créanciers du gouvernement français,
mais créanciers essentiellement temporaires, et
seulement de la somme de rentes abandonnée par
les anciens rentiers, qui préféreraient le remboursement à la conversion, et encore à la condition,
sous entendue, qu'ils revendraient, à meilleur
prix, et peut être à leurs précédens propriétaires,
les rentes qu'ils auraient consenti à rembourser.

L'opération du remboursement et de la conversion, on le répète, ne pourrait être tentée qu'avec
les secours des financiers et des banquiers dont on
vient de parler, si l'on voulait donner une apparence
de vérité au mensonge matériel de cet acte. Mais de
quelles conséquences funestes cette opération serait suivie!

Cette paix dont nous avons le bonheur de jouir;
l'industrie, le commerce, le crédit, qui sont en
grande prospérité, l'aisance générale qui en est la

douce conséquence, tous ses heureux fruits de
l'ordre et de la liberté seraient renversés par une
frénésie d'agiotage, une fièvre d'acquérir une
prompte fortune, qui mettraient à nu les plus
odieuses passions de l'humanité, et la morale publique en désarroi.

La dette publique ne peut et ne doit être remboursée que par l'action des rachats successifs de
la caisse d'amortissement, dont les capitaux ne
doivent être fournis que par l'excédant des revenus sur les dépenses de l'état, afin de l'empêcher
d'agir dans un cercle vicieux.

C'est donc une grande faute d'avoir fait cesser
l'action de cette caisse sur les cinq pour cent, sous
le prétexte qu'ils avaient atteint le pair ; car, en
réservant cette action sur le trois pour cent, le
gouvernement a dépensé presque inutilement,
beaucoup de millions pour éteindre une bien faible partie de la dette, puisqu'il a constamment
payé 136,000 fr. cinq mille francs de rente qu'il
eût pu avoir à 110,000 fr., en achetant du cinq
pour cent au lieu d'acquérir du trois ; la caisse
d'amortissement a donc perdu 26,000 fr. de son
capital, par chacun de ses achats de 5,000 fr. de
rentes, et ces achats ont été nombreux.

Les ministres de la restauration ont eu de bon-

nes raisons pour faire mouvoir ainsi les opérations
de la caisse d'amortissement et pour se jeter dans
les mains des financiers ; il s'agissait, pour ces ministres de reconstituer la fortune de l'ancienne aristocratie, et la perturbation des fonds publics
pouvait seule en offrir les moyens ; c'est pourquoi
M. de Villèle a dû créer du trois, du quatre, du
quatre et demi à côté du cinq pour cent, et ré-
pandre le désordre parmi les rentiers. Ces opérations ont enrichi la vieille noblesse, confidente des
manœuvres du trésor, en même temps qu'elle lui
assurait l'indemnité de son émigration.

Mais aujourd'hui que nul intérêt semblable n'est
à traiter ; aujourd'hui que tout le monde sait que
le crédit d'un état, comme le crédit d'un homme
est un, quand il acquitte religieusement ses engagemens, pourquoi cette division des rentes en plu-
sieurs catégories d'intérêts? Pourquoi la caisse d'a-
mortissement est-elle active pour les uns et
paralysée pour les autres? Qu'importe le nom de
cinq pour cent si le crédit de l'état est au dessus ou
au dessous de ce chiffre ? N'a-t-on pas vu le capital
de ce cinq pour cent, à cinq, à dix, à vingt, à cinquante, à cent francs, quand l'état était plus ou
moins en danger? Pourquoi ne le verrait-on pas
aller de cent à deux cents francs, aujourd'hui
que le gouvernement est en sécurité? C'est au

public, au public seul à régler le taux du crédit et
de l'intérêt, si l'argent est à vil prix, s'il est à
quatre pour cent, eh bien! le cinq pour cent vaudra
cent vingt francs ; s'il est à trois pour cent, le cinq
vaudra cent soixante six francs soixante-dix centi-
mes ; ainsi de suite ; car l'Etat est solvable ou il ne
l'est pas ; les hommes qui l'administrent sont ou ne
sont pas de bonne foi. Mais si l'Etat est solvable,
s'il est bien et loyalement administré, que signi-
fient les dénominations de trois, quatre, quatre et
demi et cinq pour cent ? Son crédit sera le même
pour toutes les valeurs perpétuelles qu'il émettra
sous quelques noms qu'elles soient, parce que l'action de l'amortissement agissant sur toutes, dans
une égale proportion, les placera toujours sous le
niveau du même intérêt.

Il faut terminer.

Le remboursement de la dette cinq pour cent
consolidés, n'ayant été prévu par aucune loi, ne
peut être opéré que par l'action lente et quotidienne de la caisse d'amortissement ; le proclamer
possible et légal, en lui faisant l'application du
droit commun, qui ne le concerne pas, ce serait
proclamer un MENSONGE, on le répète, puisque
l'Etat ne possède pas et ne possédera jamais les
trois milliards qui pourraient l'effectuer.

La conversion de la même dette, en quatre ou

quatre et demi pour cent , serait une violation manifeste des lois, qui ont assuré aux porteurs d'inscriptions de rentes cinq pour cent , que CES RENTES SERAIENT EXEMPTES DE TOUTE RETENUE, PRÉSENTE et FUTURE; la conversion, si on voulait l'opérer, et c'est la seule opération que ses partisans regardent comme possible, la conversion serait donc une BANQUEROUTE , et l'on pourrait dire une BANQUEROUTE FRAUDULEUSE , car elle serait opérée par le brisement des lois, et dans un moment où la prospérité des finances de l'Etat présente un bilan dont l'actif, composé de la fortune publique, surpasse le passif dans la proportion de la somme de la population du royaume à la somme de la population des rentiers, c'est-à-dire , dans la proportion de 33 millions à 250 mille.

Qu'est-ce donc que le remboursement , qu'est-ce que la conversion des cinq pour cent?....... Un *mensonge* , ou une *banqueroute*.....

POST-FACE.

L'auteur de cet écrit n'a jamais possédé la plus mince inscription de rentes sur l'état; les lignes qu'il vient de tracer lui ont donc été inspirées par la conviction où il est que le remboursement, ou la conversion des cinq pour cent consolidés, serait un acte inique, une violation formelle des lois, une inconstitutionalité au premier chef; cette conviction, il l'avait en 1824 comme il l'a en 1837. Ses principes politiques ont toujours été les principes professés par l'opinion libérale; il les a conservés, et se flatte de les conserver toujours. Placé en dehors de la polémique des partis, qu'il écoute et qu'il cherche à juger sans passion; éloigné, par ses goûts et par sa position, des puissances qui gouvernent le pays, il publie ce qu'il croit être la vérité, peut-être avec quelque chaleur, mais assurément avec une consciencieuse sincérité.

www.ingramcontent.com/pod-product-compliance
Lightning Source LLC
Chambersburg PA
CBHW060753280326
41934CB00010B/2473